Henri Joël Tatissong
Eine neue Zeit stürmt heran
Gedichtband

Henri Joël Tatissong

Eine neue Zeit stürmt heran

Gedichtband

Rediroma-Verlag

Bibliografische Information der Deutschen Nationalbibliothek:
Die Deutsche Nationalbibliothek verzeichnet diese Publikation in der Deutschen Nationalbibliografie; detaillierte bibliografische Daten sind im Internet über http://portal.dnb.de abrufbar.

ISBN 978-3-98885-013-3

Umschlagillustration:
PHOTOCREO Michal Bednarek (shutterstock)

www.rediroma-verlag.de
6,95 Euro (D)

Widmung

Den Dozierenden an der Universität Potsdam

Inhalt

Was ist ein Gedicht? ... 7

Es wird einen Tag … ... 9

Morgenlicht ... 10

Alles zu seiner Zeit ... 12

Der Zimmermannssohn komm bald ... 13

Zeit des Tierchens ... 14

Herkules kam in Afrika herab ... 16

Klagen ... 21

Tage vergehen ... 24

Liebesgeständnis ... 26

Symphonie des Vogels ... 27

Kriegsknechte gestorben! ... 29

Meine weltlich‘ Engagements! ... 31

Europa, Europa, Afrika bin ich ... 34

Der Rattenfänger von Unschuldigen ... 36

Er und Er ... 38

Der arme Kassierer ... 39

Tränen des Herzens ... 41

Unter der Brücke ... 42

Wir werden einen Staat bauen ... 44

Was ist ein Gedicht?

Ich fragte mich manchmal
Was ist ein Gedicht?
Ein Kunstwerk!
Ja, aber was ist ein Gedicht?
Ein revolutionäres Gewehr
Zur Enthüllung sozialen Wehs
Ein Netzwerk träumerischen Friedens
Eine Gedichtform, deren Alliterationen
Reimen und Rhythmen sozialverspottend sind!

Ich fragte mich manchmal
Was ist ein Gedicht?
Ein geschmackloser Stoff
Geschmacklichen Morgens
Ein unangenehmster Tonfall
Angenehmsten Lebens
Ein Gedicht beschnüffelt Wunschträume!
Und erkiest sich Fantasien zur Seelenbefreiung!

Refrain

Ein Gedicht!
Ein Gedicht des Lebens
Seine Gedanken sind raumlos und zeitlos
Epochenlos und stellungnehmend!
Seine reine Seele speit eigentümliche Wohlgerüche
Eines neuen Beginns

Ich fragte mich manchmal
Was ist ein Gedicht?
Ein Mitgestalter sozialen Unbehagens
Eine Verhärtung der Sozialwahrheit!
Ein großer Ansporn!
So ist ein Gedicht!

Refrain

Ein Gedicht!
Ein Gedicht des Lebens
Seine Gedanken sind raumlos und zeitlos
Epochenlos und stellungnehmend!
Seine reine Seele speit eigentümliche Wohlgerüche
Eines neuen Beginns

Es wird einen Tag …

Es wird einen Tag …

Der schönen Nomenklatur
Ohne erdrückende Diktatur
Der einheitlichen Kultur
Ohne falsche Advokatur
Der reinen Natur
Ohne brutale Fraktur

Des Spielens
Des Lachens
Des Tanzens
Des Friedens
Des Atmens
Des Singens

Des Miteinanderseins
Des Wohlseins
Des Fröhlichseins
Des reinen Seins

Vom Zurechtkommen
Von gebastelten Sonnenblumen
Von richtigen Frommen

Der guten Genossenschaft
Der grünen Brüderschaft
Der ewigen Freundschaft
Der freien Gesellschaft

… geben

Morgenlicht

Vor dem Sonnenuntergang
Träumst du wachsam und munter
Vom Morgenlicht
Das Morgenlicht als Licht
Und Gold
Des neuen Völkergangs
In der Zukunft der Nachtblinde
Flattert stets um Äste der Birne
Und sucht den Boden der guten Sterne
Und erholt sich über'n Gipfeln der Linde
Wann denn komm das Licht der neuen Zeit
Tafelrunde und Gesprächspfade am Feuer
Opfer vom Lenken des Lebens wegen Steuer
Sehen

RESIGNIERT
Aus vor dem Leid

Ja!
Der Staat wie der Stall!
Das Blassgesicht der Regierung!
Hoffnung komm der Erlebniswelt entgegen

Sieh hierhin
Sieh dorthin
Sieh überallhin

Da waren Gemeinplätz
Da treten heut Leichen auf
Da waren Bäum und Pracht
Da sind heut Verwüstung und Feuer

Wenn du das Morgenlicht pfeifst
Vergiften dich andere mit Blattläusen
Ärgernis und Resignation
Auf kühlen und stillen Gesichtern
Die Zeit vorüber
Die Zeit hinüber
Wer Gedanken in Ordnung bringt
Dem wird mit Faust gefolgt
Flämmchen am Herzen
Versklavung des Menschen unter Despotie
Bestialischer Flammenwerfer

So ist der Alltag geworden
Vor
MORGENLICHTSTRÄUMERN

Alles zu seiner Zeit

Aus Unordnung wird Ordnung
Hoffnung entsteht nach Verzweiflung
Alte Stimme des Lebensraums wird ersetzt
Hie und da tanzt Frau und Mann
Mit Frische rings um ihre Existenz
Mit Hocken auf dem Kopf
Kehr die Kinder vom Brunnen
Bäum lachen wieder
Nestlein erholen sich
In der Gesellschaft
Baut man Museen und Bibliotheken
Was zur schwarzen Vergangenheit gehört
Geht in den Wissenskanon der Gegenwart
Nur in etlicher Zeit überspielen alle Buchstaben
Einer neuen Macht
Viele waren im Stacheldraht
Jetzt sind alle wieder zu Hause
Alles zu seiner Zeit

Der Zimmermannssohn komm bald

Du, der zu Tisch lacht
Du, der Waffen in Händen hält
Und den Frieden nicht tastet
Hast du nichts gehört
Hast du nichts gesehn
Öffne dein Herz und kehr um
Der Zimmermannssohn komm bald

Er hat dich doch gewarnt
Wegen deiner Untaten
Die bis in den Himmel schreien
Bist du gebor'n, um kein Ziel zu erreichen
Bist du gebor'n, um keinen Traum zu erfüllen
Es wäre töricht, sein Ziel
Durchs Menschenblut zu erreichen
Es wäre töricht, seinen Traum
Durch den Unschuldigen zu erfüllen
Der Zimmermannssohn komm bald

Zeit des Tierchens

Alles geht entzwei in der Welt
Geschrei nimmt man in allen Lüften wahr
Leute verlieren Wesen und Sachen
Feuerkaskade
Gewaltige Waffen
Boum
        Boum
                Boum
                        Boum Boum Boum Boum
Die Welt geht unter
                        6
                          6
                            6
Das legt alles schon lahm
Und die neue Welt ist fern erschaffen zu sein
Klack
        Klack
                Klack
                        Klack Klack Klack Klack
Höllenkonzert und scheußliche Explosionen
Lähmende Körper
Horrender Mangel der Welt ist die Liebe,
der Hass das bevorzugte Paradigma
Äpfel
        Vom Baum
                Fällt
                        Die Welt
                                Gleichwie
                                        Herab
Gebäude stürzen ein und verbrennen

Finster sind die Straßen, blutig sind die Wälder
Krieg läuft dem Frieden den Gang ab

Herkules kam in Afrika herab

Im nicht unweiten Himmel
Schlief der stärkste Herkules nicht mehr
Und erzählte Allkmene und Zeus
Von seinem Unbehagen und Alpträumen
Und brauchte die Meinung Iphikles
Aufs Tiefste seufzte er und fastete
Und fleckte seinen Mund schreiend: Alle darben in Afrika!
Bestürzende Bilder jenes Erdteils trafen wohl bei ihm ein
Und erstickten seine Gedanken
Herakles sagte kümmerlich: Noch Sklaverei? Noch wilde Torheit?
Er sah Völker und dachte sich: Alle sind noch Opfer!

Nun wollte er eines Tages
Sein schwaches Gesicht vom frischen Blut
Reinwaschen
Er wollte nun allen die himmlische Freude vorbehalten
Er wollte mit seiner Macht
Allen Ländern Frieden gleichstellen
Er wollte die Gefahr der zukünftigen Vernichtung des Landes abwenden
Und er wollte den Schlafenden Munterkeit beibringen
Und er wollte den Titanen mit der Faust drohen
Und er wollte die glückstrahlenden Kriegshelden umbringen
Und er wollte alles Leid der Waisen und Ausgebeuteten lindern
Und er wollte die Gehirnzellen ummodeln
Und er wollte auch die stille Resignation in der Luft heilen
Und er wollte die komplette Rückkehr afrikanischer Küsse
Und er wollte allen die Universalsprache beibringen

Und er wollte gegen steigende Kriminalität und Tötung kämpfen
Und er wollte das privat angelegte Volksgeld retten
Und er wollte …
Und er wollte …
Puh! Er hatte viel zu tun!

Als Jünger Gottes kam er
Aus Ersetzen eines Tages herab,
der Not anheimfallend
Von Friedhöfen zu hören
Und jetzt war er dort und weinte mit,
Empfand mit und schrie mit
Er entdeckte, dass fast alle Orte
In Stücke gefallen waren
Herkules spürte im Herzen, dass die Macht
Seiner Gerechtigkeit alle Ordnung schaffen konnte.
Herkules kennt Liebe, Hass kennt er nicht
Herkules kennt Zusammenhalt
Und längst vorbei seiende Harmonie
Himmlische Zerschlagung kennt er nicht

Als er in der Kriegsinsel seinen Kopf sandte,
Weinte er immer noch vor Wohnhäusern
Vor Getreidefeldern
Und er weinte von verschwundenen Bäumen
Er sagte sich:
Ich habe doch Zeus davon erzählt!
Und Alkmene!
Und Iphikles!
Man sieht, wie unschuldige Seelen
Im See und Meer jucken

Herkules wollte sich nicht mehr zurückhalten
Und plante prompt vor
Die Prätendenten der Anarchie zu treffen
Unterwegs zu einem König
Blickte er links fliehende familienlose Kinder
Und er blickte rechts in Brand gesteckte Häuser und Institutionen
Er meinte:
Vielleicht begegnen sich wirklich hier Himmel und Hölle
Seine Füße schwammen im Blutfluss
Und sein weißes Engelhemd wurde rot

Bei der Ankunft zum König sagte der Türsteher:
Er ist im Urlaub, in seinem Schloss.
Herkules fragte nervös:
Im Urlaub? Sein Land ist im Feuer
Gleichzeitig stürmt der König heran,
Einen Goldmantel tragend;
Und ganz wohlriechend.
Herkules stellte sich kopfschüttelnd vor:
Ich heiß Herakles, ein Gesandter Zeus‘
Ich bin ein Wegweiser und habe in der Welt keine Feinde
Ich hasse finstere Zeiten und küsse immer den Geruch
Von ewigem Frieden und Freiheit
Wenn Völker mitten in Krieg, Krankheit und Hunger sind
Stehe ich selbst in großer Verwirrung mit verletztem Herzen
Große Kriege habe ich weltberühmt verrichtet
Der König hockte wohl auf alles und sagte zu ihm:
Ich bin der König und hasse auch finstere Zeiten
Auf dieser Burg beköstige ich alle
Mit Wohlstand und Glück

Und ich heiße immer alle willkommen
Fühl dich wie zu Hause
Herkules sagte fauchend:
Nein! Du bist der König und Leute
sind vor dir ausgepresst und gefesselt!
Es gibt keinen Lachtropfen mehr …!
Es gibt morsche Wesen und stille Dunkelheit
Niemand ist aus dem Schlick
Und du feilschst nicht einmal um Frieden!
Ich habe nur eine Frage:
Warum errichtest du deine Herrschaft
Auf streng despotischer Basis?

Niemand leidet in meinem Land, beharrte der König
Unglück ist überall und wer Augen hat, der sieht,
Sagte Herakles
Dein Volk stirbt an Hunger und es gibt keinen Fraß
Und du reagierst immer mit der Faust!

– Verlass meinen Boden und gehe
Hier habe ich noch Macht über allem,
Sagte er
Du hast Recht und von deinen glitzernden Lippen
Kann man immer noch blutrote Gerüche lesen
Du musst eins wissen: Ich warte auf die Endzeit!
Du hast die Macht auf Erden und ich im Himmel
Vergiss nicht, dass Finsternis keine Macht auf Lichtstrahlen haben
Skandal und Revolution der Armen habe ich gesehen
Vorher so schön war dieser Erdteil
Wegen deinem Fimmel nach Machtkrönung
Gibt es überall sterbendes Geschrei

Herkules war jähzornig und voller Ersetzen
Erblickte er den König seitlich von links
Und begann dann sonst herüberzusteigen
Als der König noch etwas zu ihm sagen wollte
War er schon fern und verwickelt in die Sterne und Wolken
Der König hatte Angst und dachte an eine
Mögliche Bestrafung Herkules‘ am Tag seines Todes
Jetzt rackerte er tagein, tagaus,
Damit alte Ordnung zurückkehrte
Er dachte ans Höllenfeuer und seufzte: Hm!
Er verkündigte die Botschaft überallhin
Sagte, Herkules Besuch habe alle Aufmerksamkeit erregt
Und lud alle zu einem Karneval
Und überzeugte alle stets über
Die Sinnlosigkeit des Kampfes
Und seine selbstbewusste Unvollkommenheit
Seit Jahreszeiten!
Seit diesem argumentreichen Diskurs

STEHEN ALLE AN DEM UFER EINES NEUEN KOMOS!

Klagen

Jeden Tag, ja, jeden Tag!
Jeden Tag erheben wir unsere Stimme
Gegen eine klitzekleine Gruppe
An der Spitze unseres Kopfes!

Wer hört unsere Klagen denn?
Wer merkt die Körner unseres Leidens auf?
Bis etwas sich ändert,
legen wir uns mit ihnen an!

Langsam, aber sicher erheben
Wir unsere Stimme.
Aber wie lange denn?
Müde von Tyrannei!
Erstickt von Kriegen!
Angeheizt von Leichnamen!

Wir sind vergessene Säuglinge
Im Kistenbrett unserer Mutter
Sie bedrohen uns mit Pistolen
Und mit Gewehren.
Jeden Tag und jede Stunde!
Nachts träumen wir vom Tod
Und nicht vom Wohlleben.

Niemand will noch die große Schande der Zeit ertragen
Niemand will noch die Flammen des Unglücks ausstrahlen sehen
Niemand will noch Leichen begraben
Niemand will Feuchtigkeit im Auge tragen!

Niemand
Ja, niemand!
Ja, nie...!

Was wir Hunderte Jahre so gut wie nichts gehört haben
Wollen wir es nicht mehr hören.
Warum verkürzen Sie Herz und Seele?

Veränderung!
Veränderung!
Veränderung!

Es ist nicht zu spät.
Es ist nicht zu früh.
Keine Verbrennung mehr!
Kein frisches Blutbad mehr!
Keine Vergiftung des Landes mehr
Mit Gewehrgeschrei!

Sehen Sie nicht, dass viele über Grenzen
Obdachlos leben ohne Geborgenheit?
Hören Sie nicht den Klang dieses Pogroms
Vor allen Türen?

Wir wollen ein gutes Leben führen voller Frieden
Sagen Sie uns,
Dass Sie sich hätten verlaufen sollen.
Dass Sie Frieden halten wollen.
Dass Sie Gewehre bändigen müssen
Dass Sie nach Hause kommen können
Dass Sie das harmonisierende Gemeinwohl spüren
Und den blauen Morgenhimmel hochgucken können

Und dass Sie das Blut der Seelenverwandtschaft
Entzünden wollen!

Tage vergehen

Ja! Tage vergehen!
Klingelt
Die grüne Glocke
Hinter dem Friedensknopf
Und ich warte guckend auf alte Menschen.
Der Schweiß
Der Schmerztage fliegt schnell
Wie stilles Wasser im Meere
Und ich vergesse nicht die Wärme
Der Getöteten meines Leibs.

Die Zeit vergeht still und unbemerkt
Wohin soll ich denn?
Was hoffe ich noch?
Planeten der alten Stimmen zogen sich zurück!
Himmel der Sterne erscheint,
gestülpt auf meinen Kopf.
Ha-ha-ha-ha-ha!
Der alte, längstens autoritäre Hut
Meines zähmenden Opas
An der Sozialspitze schimmert
Und bereut sein Unrecht!
Ha-ha-ha-ha-ha

Das Teufelsgeschrei verliert seine Kraft;
Und der Allermächtigste ist gepeitscht.
Wirklich!
Wirklich!
Ja, wirklich!

Tage vergehen, schlechte Erinnerungen bleiben;
Tage vergehen, Waisen
Und Vertriebene kehren heim,
Voller Liebe, Glück und Träume,
Vor geplünderten Orten.
Tage vergehen, Brüderschaft entsteht;
Tage vergehen, und ich lache weinend!

Gelandet auf dem Boden
Des Friedens,
ein seit langem vergessener,
Erzeugt eine Schwangere
In Begleitung einer Hebamme
Ihr allererstes Nachwuchskind
Der Zeit neuen Dampfes.

Tage fliehen wie Frauen im Kriege,
Verschlucken Tränen und Schmerzen von gestern;
Tage von heute sind planbar
Und öffnen ein Schutzdach
Der verlorenen Träume.

Liebesgeständnis

O meine Heimat lieb ich
Seine zunehmenden Schmerzen und Tränen
Sein unerträgliches Klagelied und Hassgeräusch
Seinen weidlichen Kriegsgesang
Die sich jeden Tag vermehren
Wie Bäuche Schwangerer
Trag ich im brennenden Herzen

Wegen Blindheit
Und ohne Weisheit
Sind wir nicht von Adam und Eva
Und stellen wir uns nicht gleich
In diesem Friedhof von der Vollzahl
Unschuldiger

Meine Heimat brachte zur Welt
Mbouombouo!
Bisogo!
Kum'a Priso!
Wazizio!
Zogo!
Und wer noch in der Zukunft?
O yes! Meine Heimat liebe ich!
Und wünsche mir das Gemurmel des Miteinanders
Und kann ungehemmt gegen die Ungerechtigkeit kämpfen
Nur Gott weiß, dass ich allen zum Guten wohlgefalle!

Symphonie des Vogels

Gleich nach dem Verlassen seines Nestleins
Eines Frühmorgens
Flatterte ein Vogel herum mit ruhelosen Flügeln
In der Stadt.
Er blickte nach rechts und nach links
Und fand keinen Baumschatten zur Erholung.
Traurig schüttelte er den Kopf.

Als er entdeckte, dass die Straßen
Nicht mehr schliefen und Farben
Einer neuen Saison vorbereiteten,
Dachte er an einen kleinen Berg
Leuchtender Hoffnung.
Er lachte, vergaß sein Nestlein;
Und lachte, lachte, lachte, lachte!
Er lachte weiter, bis der Traum ihn ins Paradies einführte.

Nach zwei Tagen des Lachens in der Luft
Komponierte er eine Symphonie
Mit wohlklanglichem Rhythmus.
An der Spitze des Berges sang er.

Ich bin das echte Ziel,
ich bin das Ziel aller,
Mein Herz ist weit offen für alle,
Mein Mund ist für alle,
Meine Stimme ruft alle zur Wachsamkeit.
Ja! Alle … alle … alle … alle
Ich kenne kein Hassgefühl,
ich bin nicht racheerfüllt.

Ja! Alle … alle … alle … alle
Der Krieg hat alles zerstört
Der Bürgerkrieg hat alles vernichtet
O! Mensch von Morgen, sei wachsam
O! Mensch der Liebe, sei menschlich
Die Morgendämmerung ist vor allen Türen

Refrain

Die Welt vergeht
Die Welt … die Welt … die Welt vergeht
Siehe meine Füße, siehe meine Farbe
Hör mir zu, hör mir zu! Ohoho …!

Er humpelte langsam zur Seite
Mit seinen bunten Federn
Blickte nach links – rechts

Mein Mund küsste die Hoffnung,
ich vermisse alle Vögel der Welt
Und möchte die verlorene Wärme überwinden
Alle sind befreit von steilen Maßnahmen

Refrain

Die Welt vergeht
Die Welt … die Welt … die Welt vergeht
Siehe meine Füße, siehe meine Farbe
Hör mir zu, hör mir zu! Ohoho …!

Kriegsknechte gestorben!

I

Ich hörte einen drallen Jungen am Scheidewege tanzen
Er lachte schallend,
Schaffte sich ein Stück Brötchen an
Und lachte laut
Und lachte schreiend
Und lachte friedlich!
Er lachte, bespickt mit Glücksstücken!

II

Ich sah ein jüngeres Mädchen mit einer Flasche Milch
Sie begnügte sich mit strahlendem Lächeln
Sie war die alleinige Tochter eines Kriegsopfers
Die ganze Familie war ausgestorben
Sie plärrte jubelnd voll
Und sagte mit scharfem Lachgeschwätz
Kriegsknechte gestorben!
Alle dunklen Lichter der Gesellschaft
Unter dem Höllendach
Und dutzend Kerzen der Richtigen
Im Himmelreich!

Kriegsknechte gestorben! Kriegs…

III

Ich hörte viele in der Stadt brabbeln
Wegen der neuen Ordnung!
Herzen waren aufgeweicht
Und Seelen befriedigt
Unter dem Sonnenlicht!

Alle sagten: sie sind gestorben, sie sind nicht mehr da!

IV

Ich sang tanzend
Ich tanzte singend
Und lachte weinend
Und weine lachend
Und tanzte weinend
Und tanzte lachend
Und sang weinend
Und sang lachend
O! Kriegsknechte gestorben!

Meine weltlich‘ Engagements!

Ich hab tausende Gedanken am Tag
Hier in Deutschland horch ich auf
Meine Quelle und die Neue Weltordnung

Ich bin ein Träumer der Saison von Engeln
Erzähl im Zimmer nebenan von mein‘ Ziel
Und der weiße Mann lacht aus.

Die Neue Weltordnung!
Hahaha, ich hör, ich hör!

Die Neue Weltordnung!
Hahaha, ich hör, ich höre

Die Neue Weltordnung!
Hahaha, ich höre, ich hör!

Wozu die Ordnung?
Warum die Neue Ordnung?
Wann die Neue Weltordnung?

Bedeutet die Neue Weltordnung Freiheit?
Bedeutet die Neue Weltordnung Sicherheit?
Bedeutet die Neue Weltordnung neue Rechtsstaaten?
Bedeutet die Neue Weltordnung neue Gesetze?

Okay!
Ja, okay!
Einverstanden!
Die Neue Weltordnung!

Alle haben die Mastercard
Niemand hat Bargeld
Ich habe keine Mastercard
Die Mastercard der Neuen Weltordnung!

Neue Weltordnung, neue Weltregierung
Neue Weltordnung, neue Weltautorität
Neue Weltordnung, neue Weltmacht
Neue Weltordnung mit Globalisierungseffekt
Neue Weltordnung, neue Weltkultur
Neue Weltordnung, Ende der Weltgeschichte
Neue Weltordnung, neue Freund-Feind-Zeit
Neue Weltordnung, Beginn des Dritten Weltkriegs
Hahahaha, die Neue Weltordnung ist vor allen Türen!

Und was für Identitäten?
Und was für Geographien?
Und was für Nationalitäten?
Und was für Einkaufsmittel?
Und was für …?
Und was für …?

Hahaha, ich sehe … ich sehe die New World Order!
Ich bin ein Inspektor der Welt
Gucke Wirtschaft, Politik und Kultur …!

Ich schaffe meine Welt nach eigener Art
Ich bin ein Gesetzgeber der neuen Welt
Und ohne mich gibt es keine Neue Weltordnung

Alle werden auf mich hören
Ich bestrafe alle Narren
Der neuen Welt
Meine neue Welt ist die alte Welt gegen die neue Welt
Meine alte Welt ist die ewige neue Welt gegen die neue Welt
Ich höre und sehe Prämissen der Neuen Weltordnung!

Europa, Europa, Afrika bin ich

Ich
Wanderte allein um die Ecken Europas, weil
Ich
Den Wiederbeginn der Sklavenzeit hemmen wollte.

Auf den Treppen zum Hauptbahnhof sah
Ich
Viele Jungen mit Plänen des Wirtschaftsgebäudes
In der Hand.
Viele Jungen mit Plänen machtpolitischer Eroberung
Der Führer guckte auf mich großäugig und sagte:
Du bist aus Afrika mit schwarzer Haut!
Ich
Blickte mich um und sagte:
Ich
Habe keinen Fuß im gottverdammten Kriege
Außer dem Bürgerkriege, der meine Wurzeln quält!
Jeder kann sich sicher sein,
Ich bin kein Feind der Welt.

Und wer bist du?
Fragte der Führer.
Ich blickte zu ihm hoch und brabbelte:
Europa, Europa, Afrika bin ich!
Afrika, das Opfer einer schlimmsten Zeit
Afrika, der Sucher nach der Menschheit
Afrika, der schuldgewordene Unschuldige
Europa, Europa, Afrika bin ich!
Afrika, der leichtgelogene Mann

Ich bin frei und ich atme in Europa
Ich bin frei und ich kämpfe für meine Welt
Ich bin frei und ich habe Hoffnung des neuen Windes
Europa, Europa, Afrika bin ich

Der Rattenfänger von Unschuldigen

Ich klopfe an die Tür
Hörst du den Rattenfänger?
Du hast nicht getötet
Du hast nicht korrumpiert
Du bist unschuldig wie ein Engel
Rein wie ein Lämmchen
Und deine Seele verbrennt.
Mit Verzweiflung
Siehst du dein Leben schmoren!

Wo bist du denn?
Ich möchte deine Schmähungen wegnehmen.
Lobst du nicht eine Stimme, die sich erhebt?
Willst du nicht den Tagesanbruch?
Du musst dich ganz umsonst schämen!
Du musst ein Herz wie meins haben!
Aber siehe, was du bist!
Du bist gefangen, ausgebeutet!
Du verfluchst deinen Geburtstag wie Hiob!
Du sagst so laut wie ein Hammerschlag auf dem Stein:
„Ich bin im Höllenschmerz geboren – aufgewachsen“

Ich klopfe an die Tür deines Herzens
Mit Ungeduld
Mit tapferem Schlag
Öffne mir die Tür
Du hast dich seit langem geduckt
Wie wohlkniender Beutel
Wegen Versklavung und Verarmung
Wegen Geldgier und Dunkelheit

Wegen Machtstrahlung und Gewalt
Ich bin kein Gangster

Öffne mir die Tür
Das Licht der Zeit ist umgesprungen
Aschen des Leidens erbarmen sich des Himmels
Und Hab und Gut ist wieder verfügbar

Ich klopfe an die Tür
Deiner traumatisierten Seele
Öffne mir die Tür
Ich will dein Leben tapezieren
Mit Freiheit und Freisein;
Mit Morgenluft und neuer Sonne.
Ich bin kein Töter
Öffne mir die Tür
Ich bin ein Nationsbruder
Und ich bin ein Weltbruder
Der Tröster alles Möglichen

Ein Bruder, dein Blut
Ein Bruder, dein Körper
Ein Bruder, deine Seele
Ein Bruder,
Der Rattenfänger von Unschuldigen

Er und Er

Er und Er!
Ja, genau!
Er! und Er!
Oh richtig ...!
Ihn und ihn sah ich.
Ihm wird von ihm in einem Loch geholfen.
Er sagt mit Leib und Seele:
Oh! Allerbester bist du
Er erwidert:
UNSER
Versprechen geht in Erfüllung
Ohne Kind?
Fragte er.
Ja, genau! erwiderte er.
Und ohne … und ohne … Und ohne …?
Ja, genau und ohne all das!
Aber womit?
Was mit dem Verlöbnis?
Seine Seele und seine Seele lachten.
Er und Er waren hochglücklich!

Der arme Kassierer

– Schwarz
Wie Martin Dibobe mit dem Zug
Ist er an der Kasse geliebt
Von Weiß
Und von Androm angestellt
Kassiere er zähmend!
Und er erinnert sich: No man's land
Ich bin in Berlin von Merkel
Und mag die rheinische Landschaft!

– Von Anfang aber doch erschauert
Vor Aprikosen, Nektarinen und Pfirsichen
Und vor Stachelbeeren und Kirschen
Weil immerhin neugierig erschaut
Wie in der Berliner-Konferenz
Im Herzen des Kaiserreichs
Und vor Augen des osmanischen Reichs
O! Was für Ausbeutungsidee in der Kongokonferenz!

– Und nun die moderne Welt
Der Kassierer hat lachende Gedankenfrische
Der fremde Kassierer meidet das Irrtümliche
Frommt allen in der EDEKA-Welt
Und vertippt nicht häufig und rechnet gut ab
Nicht in ALDI, PENNY und KAUFLAND
Und er denkt an Gesetze vom Land
Und sagt in seinem Innern: „Angela, Hut ab!"
Jugendliche gewähren ihm Glück
Ältliche Leute und schönste Mädchen sehen ihn
Und alle wollen vieles wissen und fragten ihn:

Und woher? Wo? Warum? Ohne Unglück?
Warnende Stille umhüllte sein Leben
Reminiszenzen an die Heimat entstanden;
Er glotze alle merkwürdig an, sieht viele Blicke beben

– Hallendes Herz geriet ihn in den Druck
von starker Hoffnung und innerem Kampf
Hier bin ich etwas froh und bei uns gibts noch Dampf!
Was soll ich nun denn machen?
Mit gedroschener Seele
Berührt er seine Kehle:
Soll ich hier weinen oder lachen?
Ich werde irgendwie für Frieden bei uns kämpfen!
Aber von hier aus wegen brudermörderischer
Heimatdrohung
Alleine und nicht in jenen Grüppchen der Botschaftstötung
Aber doch: Warum muss man seit 1884 immer noch
kämpfen?

Tränen des Herzens

Weinerlich, niedergeschlagen!
Hier gibt's ein frisches Herz in einem trüben Kämmerlein
Ohne Freude und Glanz spürt es täglich
Flecken in der Kuttel;
Und weint fortwährend in dem Dreck des Unbehagens;
Und faucht vor der Artillerie
Mit verstimmten Stimmen;
Das Herz haut nicht ab
Und klebt sich jämmerlich
Auf den Kirchstuhl;
Und verkniff das Gesicht
Vor dem Predigtverhalten in dem Blut Unschuldiger!
Das Herz weint und sagt:
Was ist denn deine Rolle?
Warum sind alle nicht einander grün?
O Herz! Weine und weine und weine!

Das Herz verdorrt augenblicklich doch,
Wischt sich unglaublich die Tränen ab,
Und will bereits fortkommen
Und einen bevorstehenden Anstrich bekommen
Die Tränen des Herzens fließen lachend!

Unter der Brücke

– Sorgenstuhl
Ich setzte mich dümmlich zu einem Baum
Am Ufer des Schmerzmeers unter der Brücke
Beköstigte meine Seele mit Stille und Ruhe
Bruderschaft war in meiner Welt verschollen
Auf dem Stuhl des Exils gab es Sorgen
Und im Reich der Träume
Waren meine Augen feuchtdunkel
Warum vollbusige Frauen stets verschwanden?

– Ich sah …
Ich sah … ja, ich sah unter der großen Brücke
Die schrecklichen Lärme und Agitationen
Der verschleppten Leichenherde auf dem Dach des Meers
Ich hörte die Glocken meiner Seele schnarren:
Das dunkle Licht ist
Vollgeklebt an der alten Krücke

Ich entzündete flugs mein Votivlicht
Für selig Unschuldige
Und rief unstet zur Frommheit
Aber wer könnte mir doch aus der Ferne lauschen?
Aber wer konnte doch das Geschrei meines Unbehagens vernehmen?
O! Die Zunge des Meers wollte nicht mehr aufs Blut kauern
Und wollte Mondschein und Friedensfetzen fressen.

Ich meine und weine vor deinen kleinen Beinen
Ich denke und lenke meine Seele zum See deiner Seligen
O Heimat! Warum immer Weinen ohne neue Wunderkerze

Puh! Ich genieß Wasser, denke traurig an alte Wiese und Wald

Unter der blutigsten Brücke flossen Tränen
Äste und Zweige der Wasserbäume äugten Schmerzen
O! Die Leichen der Kriegsfeinde!
O! Die Leichen der Kriegsfreunde!
Wer in den Krieg verliebt war, der schnitt sich ins eigene Fleisch!

Ich hörte den Aufschrei der Nationalseele
Und starrten Rauch, Reue und Rache
Vor der Despotie der Alten!

Ich meine und weine vor deinen kleinen Beinen
Ich denke und lenke meine Seele zum See deiner Seligen
O Heimat! Warum immer Weinen ohne neue Wunderkerze
Puh! Ich genieß Wasser, denke traurig an alte Wiese und Wald

Wir werden einen Staat bauen

Mit Steinen aus Gold und Silber
Mit reinen Händen vom Himmel der Freude
Mit Licht der Einheit an den Stirnen
Werden wir einen Staat bauen

Unser Staat wird ein Baum sein
Und wir seine grün bleibenden Äste
Mit Ästen am Baum wird
Unser Staat in Frieden wachsen
Damit Nachkommen
Von Harmonie und Entwicklung träumen